Impressum
Verlag: BABADADA GmbH; Nedderfeld 112 , 22529 Hamburg
Geschäftsführer / Verlagsleitung: Harald Hof
Druck: Books on Demand GmbH, In de Tarpen 42, 22848 Norderstedt

Imprint
Publisher: BABADADA GmbH, Nedderfeld 112 , 22529 Hamburg, Germany
Managing Director / Publishing direction: Harald Hof
Print: Books on Demand GmbH, In de Tarpen 42, 22848 Norderstedt, Germany

դպրոց

ystafell ddosbarth
մատյան
rhannu
բաժանել
186/2
bwrdd
գրատախտակ
iard ysgol
խաղադաշտ
athro
ուսուցիչ
papur
թուղթ
ysgrifennu
գրել
pen
գրիչ
desg
գրասեղան
pren mesur
քանոն
llyfr
գիրք
disgybl
աշակերտ

bag ysgol

պայուսակ

blwch penseli

գրչատուփ

pensil

մատիտ

peth rhoi min ar bensil

մատիտի սրիչ

rwber

ռետին

pad arlunio

նկարչական ալբոմ

2

llun

նկարչություն

brws paent

վրձին

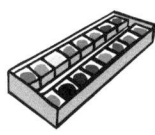

blwch paent

ներկերի տուփ

siswrn

մկրատ

glud

սոսինձ

llyfr ysgrifennu

տետր

gwaith cartref

Տնային աշխատանք

12

rhif

թիվ

2+2

ychwanegu

գումարել

5-2

tynnu

հանել

2×2

lluosi

բազմապատկել

cyfrifo

հաշվել

A

llythyren

տառ

ABCDEFG HIJKLMN OPQRSTU VWXYZ

gwyddor

այբուբեն

hello

gair

բառ

testun

տեքստ

darllen

կարդալ

sialc

կավիճ

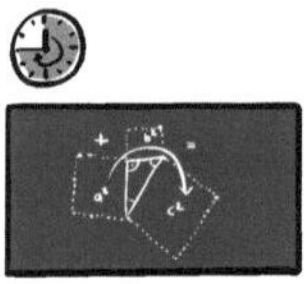

gwers

դաս

cofrestr

մատյան

arholiad

քննություն

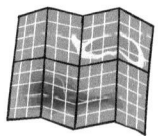

tystysgrif

վկայական

gwisg ysgol

դպրոցական համազգեստ

addysg

կրթություն

gwyddoniadur

հանրագիտարան

prifysgol

համալսարան

microsgop

մանրադիտակ

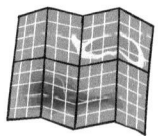

map

քարտեզ

basged papur gwastraff

աղբարկղ

gwesty
հյուրանոց
hostel
հանրակացարա
ն
swyddfa gyfnewid
փոխանակման կետ
cês dillad
ճամպրուկ
car
ավտոմեքենա

iaith

լեզու

ie / na

այո / ոչ

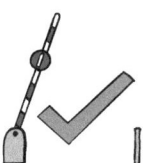

iawn

Լավ

helo

ողջույն

cyfieithydd

թարգմանիչ

Diolch yn fawr

Շնորհակալություն

faint yw ...?

Որքա՞ն է ...?

Dw i ddim yn deall

Ես չեմ հասկանում

problem

խնդիր

Noswaith dda!

Բարի երեկո

Bore da!

Բարի լույս

Nos da!

Բարի երեկո

hwyl

ցտեսություն

cyfarwyddyd

ուղղություն

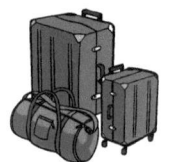

bagiau

ուղղեբեռ

bag

պայուսակ

gwarbac

մեջքի պայուսակ

gwestai

հյուր

ystafell

սենյակ

sach gysgu

քնապարկ

pabell

վրան

gwybodaeth i ymwelwyr

Զբոսաշրջության տեղեկատվական

traeth

լողափ

cerdyn credyd

ԿՐԵԴԻՏ քարտ

brecwast

նախաճաշ

cinio

լանչ

swper

ճաշ

tocyn

տոմս

lifft

վերելակ

stamp

կնիք

ffin

սահման

tollau

մաքսային

llysgenhadaeth

դեսպանություն

fisa

մուտքի արտոնագիր

pasbort

անձնագիր

Փոխադրամիջոցներ

awyren
ինքնաթիռ
llong
նավ
injan dân
հրշեջ մեքենա
bws
ավտոբուս
lori
բեռնատար մեքենա
cwch modur
մոտորանավակ
beic
հեծանիվ
car
ավտոմեքենա

fferi

լաստանավ

cwch

նավակ

beic modur

մոտոցիկլ

car yr heddlu

ոստիկանության մեքենա

car rasio

մրցարշավային մեքենա

car wedi'i rentu

վարձակալվող մեքենա

rhannu car

մեքենայի վարձակալում

lori tynnu

էվակուատոր

lori ysbwriel

աղբահանության մեքենա

modur

շարժիչ

tanwydd

վառելիք

gorsaf betrol

բենզալցակայան

arwydd traffig

երթևեկության նշան

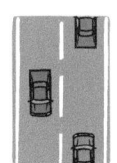

traffig

երթևեկություն

tagfa draffig

խցանում

maes parcio

ավտոկանգառ

gorsaf drennau

երկաթուղային կայարան

traciau

երկաթուղագիծ

trên

գնացք

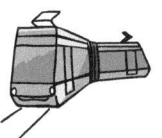

tram

տրամվայ

wagen

վագոն

hofrennydd

ուղղաթիռ

maes awyr

օդանավակայան

tŵr

աշտարակ

teithiwr

ուղեւոր

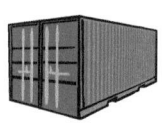

cynhwysydd

աման

paced

խավաքարտ

cert

սայլ

basged

զամբյուղ

esgyn / glanio

հանեք / հողատարածք

քաղաք

pentref

գյուղ

canol y ddinas

քաղաքի կենտրոնում

tŷ

տուն

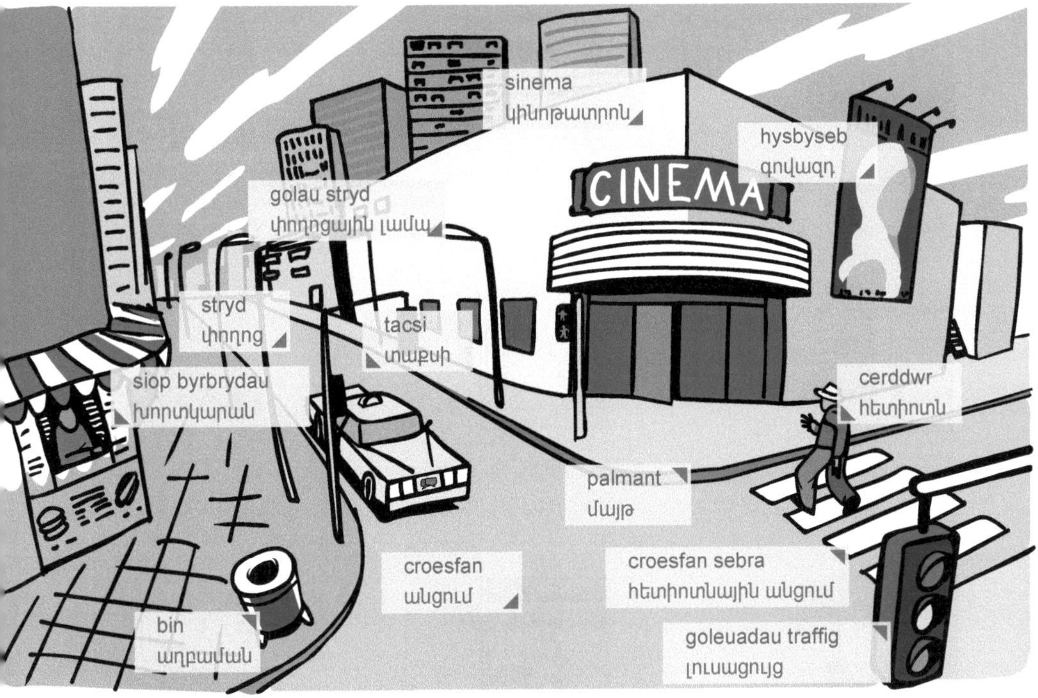
sinema
կինոթատրոն
CINEMA
hysbyseb
գովազդ
golau stryd
փողոցային լամպ
stryd
փողոց
tacsi
տաքսի
siop byrbrydau
խորտկարան
cerddwr
հետիոտն
palmant
մայթ
croesfan
անցում
croesfan sebra
հետիոտնային անցում
bin
աղբաման
goleuadau traffig
լուսացույց

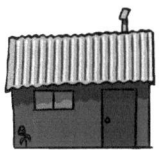

cwt

խրճիթ

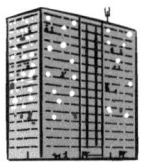

fflat

բնակարան

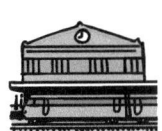

gorsaf drennau

երկաթուղային կայարան

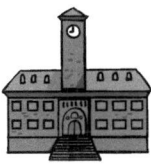

neuadd y dref

քաղաքապետարան

MUSEUM

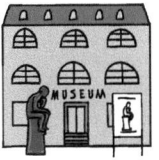

amgueddfa

թանգարան

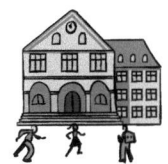

ysgol

դպրոց

prifysgol

համալսարան

banc

բանկ

ysbyty

հիվանդանոց

gwesty

հյուրանոց

fferyllfa

դեղատուն

swyddfa

գրասենյակ

siop lyfrau

գրքույկ խանութ

siop

խանութ

siop flodau

ծաղկի խանութ

archfarchnad

սուպերմարկետ

farchnad

շուկա

siop adrannol

հանրախանութ

siop bysgod

ձկան խանութ

canolfan siopa

առևտրի կենտրոն

harbwr

նավահանգիստ

parc

զբոսայգի

banc

բանկերը

pont

կամուրջ

grisiau

աստիճաններ

rheilffordd danddaearol

մետրո

twnnel

թունել

safle bws

ավտոբուսի կանգառ

bar

բար

bwyty

ռեստորան

blwch post

փոստարկղ

arwydd stryd

փողոցային նշան

mesurydd parcio

ավտոկայանման հաշվիչ

sŵ

կենդանաբանական այգի

pwll nofio

լողավազան

mosg

մզկիթ

fferm

ֆերմա

llygredd

աղտոտման

mynwent

գերեզմանոց

eglwys

եկեղեցի

maes chwarae

խաղահրապարակ

teml

տաճար

բնապատկեր

deilen
փեղկ
arwydd cyfeirio
ուղղության նշան
ffordd
ճանապարհ
dôl
մարգագետին
carreg
քար
heiciwr
արշավականներ
coede
ծառ
afon
գետ
glaswellt
խոտ
blodyn
ծաղիկ

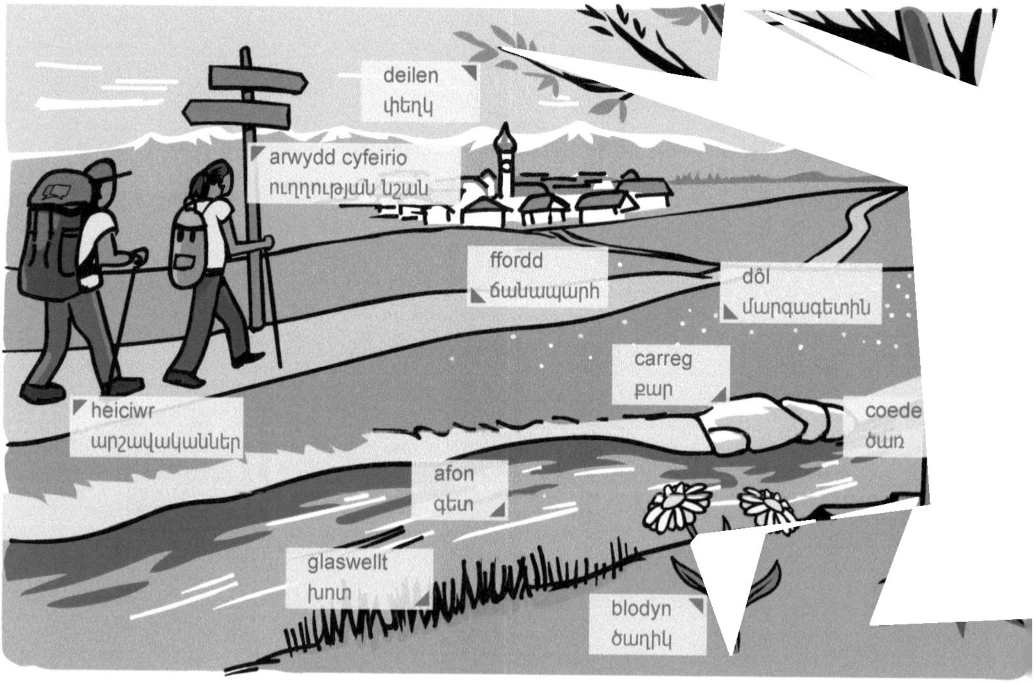

cwm

հովիտ

bryn

բլուր

llyn

լիճ

coedwig

անտառ

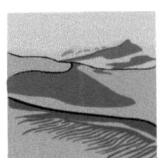

anialwch

անապատ

llosgfynydd

հրաբուխ

castell

ամրոց

enfys

ծիածան

madarchen

սունկ

palmwydden

արմավենու ծառ

mosgito

մժեղ

pryf

թռչել

morgrugyn

մրջյուն

gwenyn

մեղու

pryf copyn

սարդ

chwilen

բզեզ

llyffant

գորտ

gwiwer

սկյուռ

draenog

ոզնի

ysgyfarnog

նապաստակ

tylluan

բու

aderyn

թռչուն

alarch

կարապ

baedd

վարազ

carw

եղջերու

elc

իշայծյամ

argae

պատնեշ

tyrbin gwynt

քամին տուրբինների

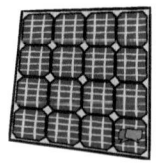

panel haul

արեւային վահանակ

hinsawdd

կլիմա

gweinydd
մատուցող

bwydlen
մենյու

cadair
աթոռ

cawl
ապուր

pitsa
պիցցա

cyllyll a ffyrc
սպասք

lliain bwrdd
սփռոց

cwrs cyntaf
ստարտեր

prif gwrs
հիմնական կերակուր

pwdin
դեսերտ

diodydd
օրական

bwyd
սնունդ

potel
շիշ

bwyd cyflym

արագ սնունդ

bwyd y stryd

streetfood

tebot

թեյնիկ

powlen siwgr

շաքարաման

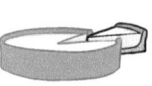

dogn

բաժին

peiriant espresso

էսպրեսսո մեքենա

cadair plentyn

մանկական աթոռ

bil

օրինագիծ

hambwrdd

սկուտեղ

cyllell

դանակ

fforc

պատառաքաղ

llwy

գդալ

llwy de

թեյի գդալ

napcyn

անձեռոցիկ

gwydr

ապակի

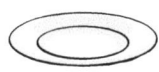

plât

ափսե

plât cawl

խոր ափսե

soser

պնակ

saws

սոուս

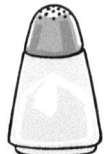

pot halen

աղաման

melin bupur

պղպեղի աղաց

finegr

քացախ

olew

ձեթ

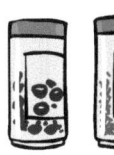

sbeisys

համեմունքներ

saws coch

կետչուպ

mwstard

մանանեխ

mayonnaise

մայոնեզ

սուպերմարկետ

cynnig arbennig
հատուկ առաջարկ
FOR
cwsmer
հաճախորդ
cynnyrch llaeth
Dairy
troli
գնումների սայլակ

siop gig

մսամթերքի խանութ

siop fara

հացամթերքի խանութ

pwyso

կշռել

llysiau

բանջարեղեն

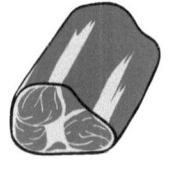

cig

միս

Bwyd wedi'i rewi

սառեցված սննդամթերքի

cig oer

երշիկեղեն

bwyd tun

պահածոների

powdr golchi

լվացքի փոշի

da-da

քաղցրավենիք

cynnyrch cartref

տնտեսական ապրանքներ

cynhyrchion glanhau

մաքրող միջոցներ

gwerthwraig

վաճառող

til

դրամարկղ

ariannwr

գանձապահ

rhestr siopa

գնումների ցուցակ

oriau agor

ժամերը

waled

դրամապանակ

cerdyn credyd

ԿՐԵԴԻՏ քարտ

bag

պայուսակ

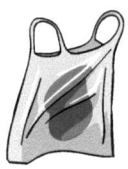

bag plastig

պլաստիկ տոպրակ

dŵr

ջուր

sudd

հյութ

llefrith

կաթ

côc

կոլա

gwin

գինի

cwrw

գարեջուր

alcohol

սպիրտ

coco

կակաո

te

թեյ

coffi

սուրճ

espresso

էսպրեսսո

cappuccino

կապուչինո

ffrwchledd

բանան

afal

խնձոր

oren

նարնջի

melon

սեխ

lemwn

կիտրոն

moronen

գազար

garlleg

սխտոր

bambŵ

բամբուկ

nionyn

սոխ

madarchen

սունկ

cnau

ընկուզեղեն

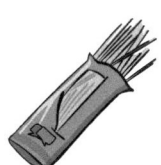

nwdls

արիշտա

sbageti

սպագետտի

reis

բրինձ

salad

աղցան

sglodion

չիպս

tatws wedi'u ffrïo

տապակած կարտոֆիլ

pitsa

պիցցա

hambyrger

համբուրգեր

brechdan

սենդվիչ

cytled

կոտլետ

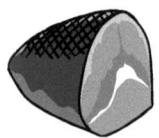

ham

խոզապուխտ

salami

սալյամի

selsig

երշիկ

cyw iâr

հավ

rhost

խորոված

pysgodyn

ձուկ

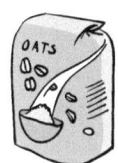

ceirch uwd

վարսակի փաթիլներ

miwsli

մյուսլի

creision ŷd

եգիպտացորենի փաթիլներ

blawd

ալյուր

croissant

կրուասան

bynsen

բուլկի

bara

հաց

tost

տոստ

bisgedi

թխվածքաբլիթներ

menyn

կարագ

ceuled

կաթնաշոռ

teisen

տորթ

wy

ձու

wy wedi'i ffrïo

տապակած ձու

caws

պանիր

hufen iâ

պաղպաղակ

siwgr

շաքար

mêl

մեղր

jam

ջեմ

siocled taenu

նուգա սերուցք

cyri

կարրի

ffermdy
ֆերմային տնակ

bwrn gwellt
ծղոտի դեզ

ysgubor
գոմ

maes
դաշտ

ceffyl
ձի

ôl-gerbyd
կցասայլ

ebol
քուռակ

tractor
տրակտոր

asyn
ավանակ

dafad
ոչխար

oen
գառ

gafr
այծ

buwch
կով

llo
հորթ

mochyn
խոզ

porchell
խոճկոր

tarw
ցուլ

gwydd

սագ

hwyaden

բադ

cyw

ճուտ

iâr

հավ

ceiliog

աքլոր

llygoden fawr

առնետ

cath

կատու

llygoden

մուկ

ych

ցուլ

ci

շուն

cwt ci

շան բուն

pibell ddŵr

այգու փողրակ

can dŵr

watering կարող է

pladur

գերանդի

aradr

գութան

cryman

մանգաղ

fforch chwynu

թոխր

picwarch

եղան

bwyell

կացին

berfa

միանիվ ձեռնասայլակ

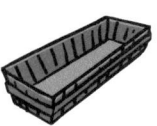

cafn

կերակրատաշտ

tun llefrith

կաթի բիդոն

sach

պարկ

ffens

ցանկապատ

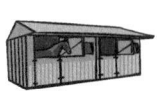

stabl

կայուն

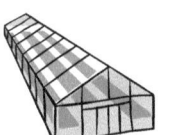

tŷ gwydr

ջերմոց

pridd

հող

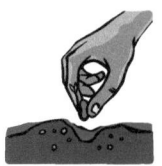

hedyn

սերմ

gwrtaith

պարարտանյութ

dyrnwr medi

բերքահավաք կոմբայն

cynaeafu

բերք

cynhaeaf

բերք

iamau

յամս

gwenith

ցորեն

soi

սոյա

tysen

կարտոֆիլ

grawn

եգիպտացորեն

had rêp

rapeseed

coeden ffrwythau

մրգային ծառ

manioc

manioc

grawnfwydydd

շիլաներ

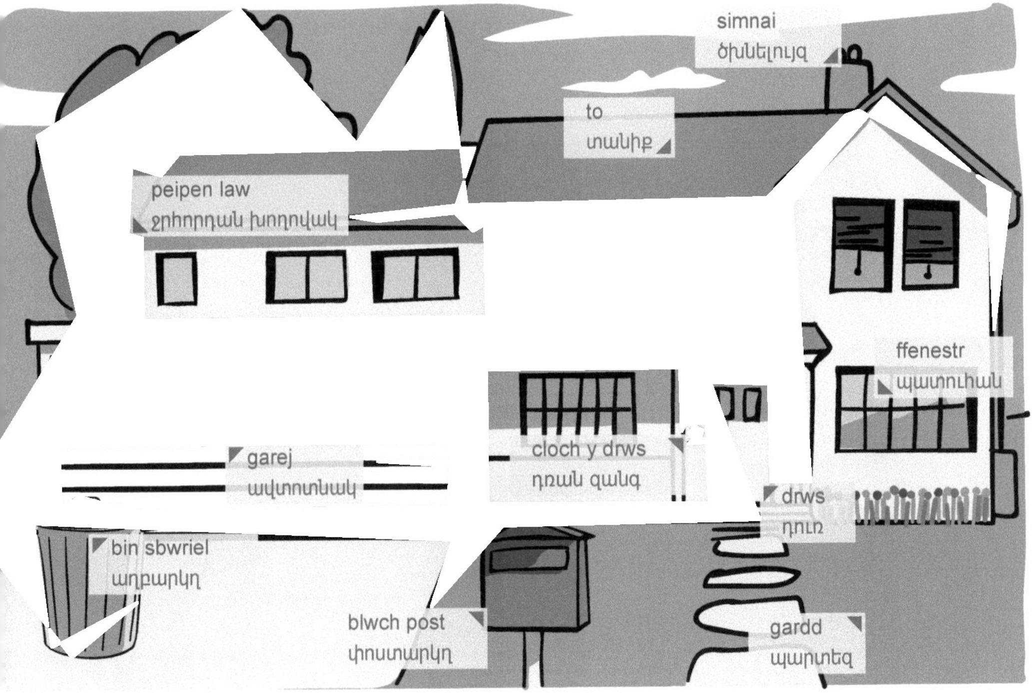

simnai
ծխնելույզ
to
տանիք
peipen law
ջրհորդան խողովակ
ffenestr
պատուհան
garej
ավտոտնակ
cloch y drws
դռան զանգ
drws
դուռ
bin sbwriel
աղբարկղ
blwch post
փոստարկղ
gardd
պարտեզ

lolfa

հյուրասենյակ

ystafell ymolchi

լողասենյակ

cegin

խոհանոց

ystafell wely

ննջարան

ystafell plentyn

մանկական սենյակ

ystafell fwyta

ճաշասենյակ

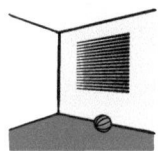

llawr

հարկ

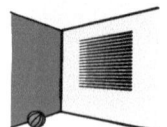

wal

պատ

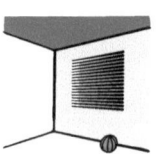

nenfwd

առաստաղ

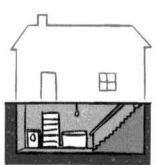

seler

նկուղ

sawna

շոգեբաղնիք

balconi

պատշգամբ

teras

պատշգամբ

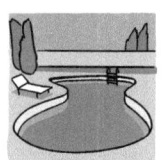

pwll

ավազան

peiriant torri gwair

խոտհնձիչ

taflen

թերթ

gorchudd gwely

անկողնու ծածկոց

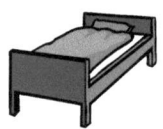

gwely

մահճակալ

ysgub

ավել

bwced

դույլ

swits

անջատիչ

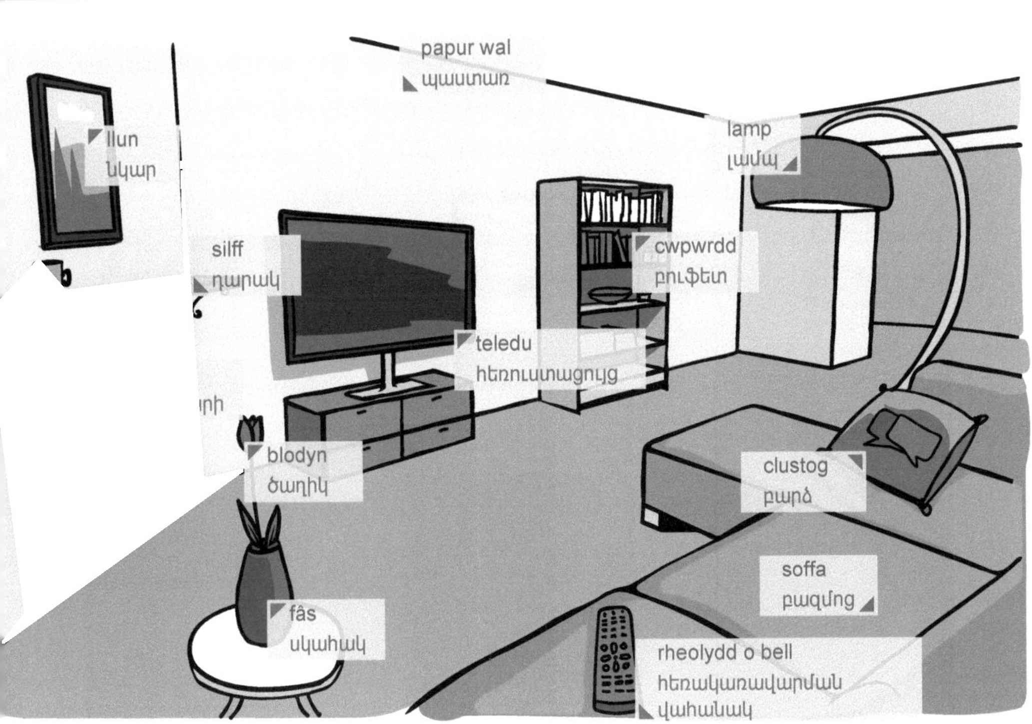

papur wal
պաստառ

lamp
լամպ

llun
նկար

silff
դարակ

cwpwrdd
բուֆետ

teledu
հեռուստացույց

blodyn
ծաղիկ

clustog
բարձ

soffa
բազմոց

fâs
սկահակ

rheolydd o bell
հեռակառավարման
վահանակ

carped
գորգ

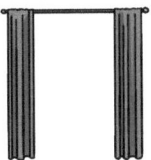

llen
վարագույր

bwrdd
սեղան

cadair
աթոռ

cadair siglo
ճոճվող բազկաթոռ

cadair freichiau
բազկաթոռ

llyfr

գիրք

blanced

վերմակ

addurn

զարդարանք

coed tân

վառելափայտ

ffilm

ֆիլմ

hi-fi

hi-fi

agoriad

բանալի

papur newydd

թերթ

darlun

նկար

poster

պլակատ

radio

ռադիո

llyfr nodiadau

տետր

hwfer

փոշեկուլ

cactws

կակտուս

cannwyll

մոմ

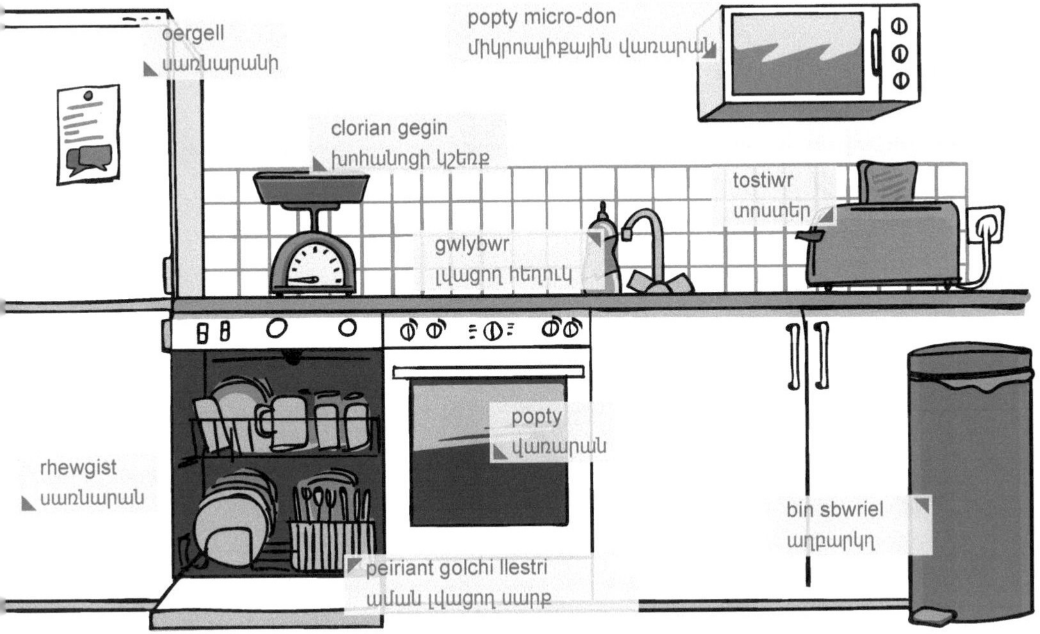

oergell
սառնարանի

popty micro-don
միկրոալիքային վառարան

clorian gegin
խոհանոցի կշեռք

tostiwr
տոստեր

gwlybwr
լվացող հեղուկ

rhewgist
սառնարան

popty
վառարան

bin sbwriel
աղբարկղ

peiriant golchi llestri
աման լվացող սարք

popty
կաթսա

pot
կճուճ

pot haearn bwrw
թուջե աման

wok / kadai
wok / kadai

padell
թավա

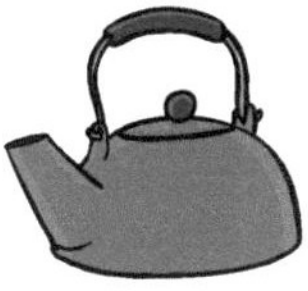

tegell
թեյնիկ

sosban stemio

շոգենավ

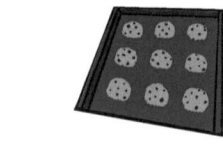

hambwrdd pobi

ջեռոցի սկուտեղ

llestri

ամանեղեն

mwg

բաժակ

powlen

խորը աման

gweill bwyta

փայտիկներ

lletwad

շերեփ

ysbodol

խոհանոցային բահիկ

chwisg

հարել

hidlydd

քամիչ

gogr

մաղ

gratiwr

քերիչ

morter

հավանգ

barbeciw

խորոված

tân agored

բաց կրակի

bwrdd torri cig

տախտակ

rholbren

գրտնակ

tynnwr corcyn

խցանահան

tun

բանկա

peth agor tuniau

բացիչ

clwt pot

խոհանոցային բռնիչ

sinc

լվացարան

brws

խոզանակ

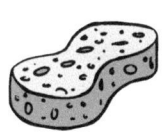

sbwng

սպունգ

peiriant cymysgu

բլենդեր

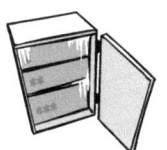

rhewgell

սառնարան

potel babi

մանկական շիշ

tap

թակել

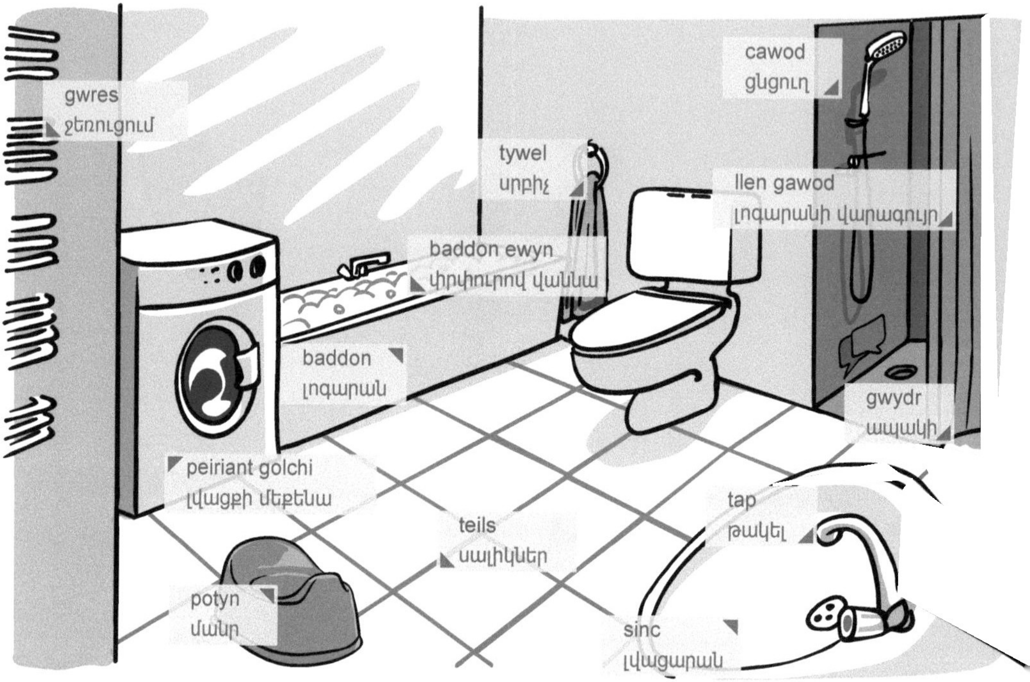

gwres
ջեռուցում
cawod
ցնցուղ
tywel
սրբիչ
llen gawod
լոգարանի վարագույր
baddon ewyn
փրփուրով վաննա
baddon
լոգարան
gwydr
ապակի
peiriant golchi
լվացքի մեքենա
tap
թակել
teils
սալիկներ
potyn
sinc
լվացարան

tŷ bach

զուգարան

toiled cyrcydu

կզելը զուգարան

bidet

բիդե

troethfa

pissoir

papur tŷ bach

զուգարանի թուղթ

brws tŷ bach

զուգարանի խոզանակ

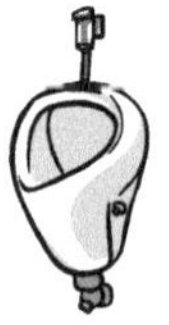

brws dannedd

ատամի խոզանակ

past dannedd

ատամի քսուք

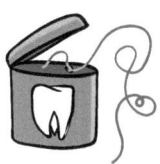

edau ddannedd

ատամի թել

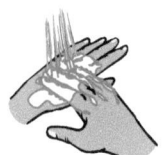

golchi

լվանալ

cawod llaw

ձեռքի ցնցուղ

golchfa

ցնցուղ

basn

ավազան

brws-ôl

մեջքի խոզանակ

sebon

օճառ

gel cawod

լոգանքի գել

siampŵ

շամպուն

gwlanen

ճիլոպ

ffos

հատականցք

hufen

կրեմ

diaroglydd

դեզոդորանտ

drych

հայելի

drych llaw

ձեռքի հայելի

rasel

սափրիչ

ewyn eillio

Սափրվելու փրփուր

sent eillio

սափրվելուց հետո քսվող լոսյոն

crib

սանր

brws

խոզանակ

sychwr gwallt

մազերի չորացուցիչ

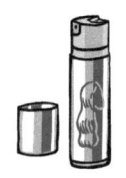

chwistrell gwallt

մազի լաք

colur

դիմահարդարում

minlliw

շրթնաներկ

farnais ewinedd

եղունգների լաք

gwlân cotwm

բամբակ

siswrn ewinedd

եղունգների մկրատ

persawr

օծանելիք

bag ymolchi

դիմահարդարման պայուսակ

stôl

աթոռակ

clorian

կշեռք

gŵn baddon

լողանալու խալաթ

menig rwber

ռետինե ձեռնոցներ

tampon

տամպոն

tywel misglwyf

սանիտարական սրբիչ

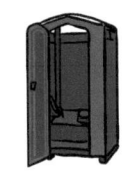

toiled cemegol

քիմիական զուգարան

մանկական սենյակ

cloc larwm
զարթուցիչ ժամացույց
tegan anwes
փափուկ խաղալիք
car tegan
խաղալիք մեքենա
cleciwr
բլբլալ
tŷ dol
տիկնիկների տնակ
anrheg

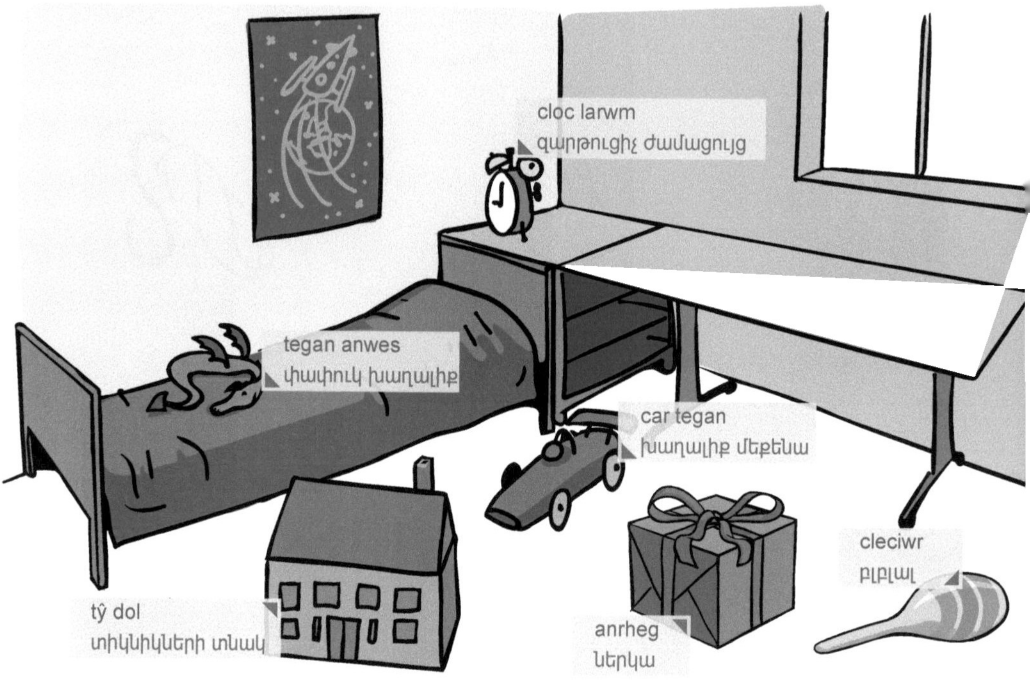

balŵn

փուչիկ

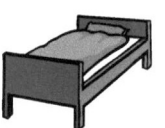

gwely

մահճակալ

pram

մանկական սայլակ

pecyn o gardiau

խաղաթղթեր

jig-so

խճապատկեր

comic

կոմիքս

brics Lego

Լեգո կուբիկներ

blociau adeiladu

կառուցողական խաղալիքներ

ffigur gweithredu

ակցիան գործիչ

babygro

մանկական բոդի

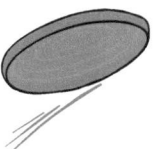

ffrisbi

Frisbee

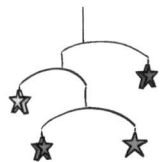

ffôn symudol

շարժական

gêm fwrdd

խաղատախտակ

deis

զառախաղ

set model trên

գնացքների կազմ

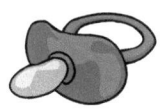

teth lwgu

ծծակ

parti

կուսակցություն

llyfr lluniau

մանկական պատկերազարդ գիրք

pêl

գնդակ

dol

տիկնիկ

chwarae

խաղալ

pwll tywod

ավազե խաղահրապարակի

swing

ռիթմ

teganau

Խաղալիքներ

consol gemau fideo

վիդեո խաղ մխիթարել

beic tair olwyn

եռանիվ հեծանիվ

tedi

խաղալիք արջուկ

cwpwrdd dillad

պահարան

հագուստ

hosanau

կիսագուլպա

hosanau

գուլպա

teits

զուգագուլպա

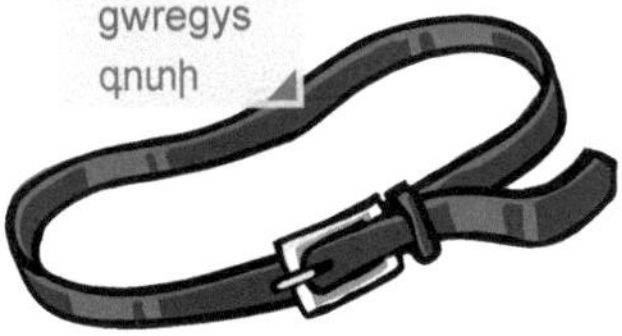

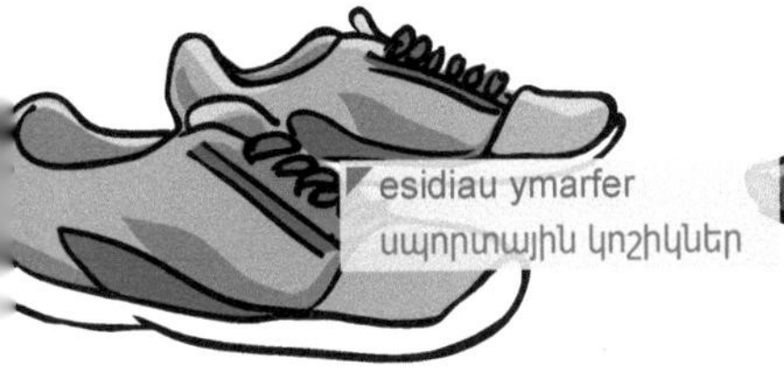

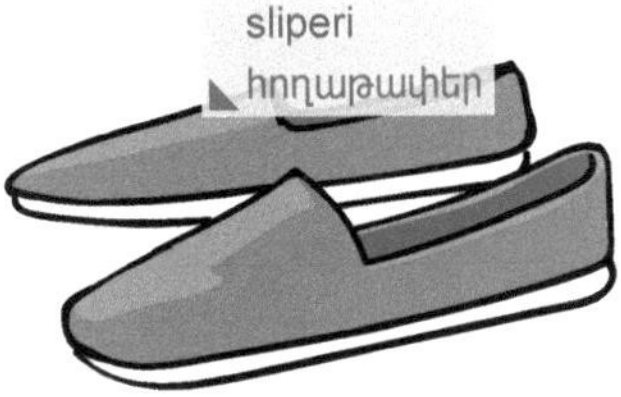

sgarff
շարֆ

ymbarél
հովանոց

gwregys
գոտի

crys-t
շապիկ

esgidiau
կոշիկ

sliperi
հողաթափեր

esidiau ymarfer
սպորտային կոշիկներ

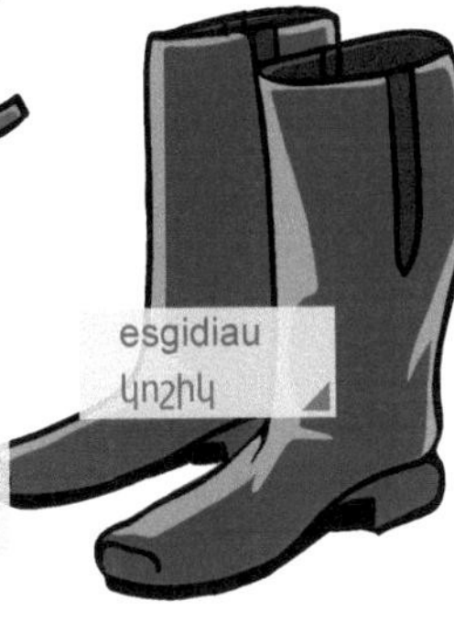

sandalau

սանդալներ

esgidiau

կոշիկ

esgidiau rwber

ռետինե կոշիկներ

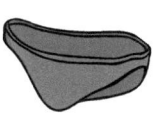

trôns

վարտիք

bra

կրծկալ

fest

մայկա

corff

մարմին

trowsus

անդրավարտիք

jîns

ջինս

sgert

կիսաշրջազգեստ

blows

բլուզ

crys

վերնաշապիկ

pwlofer

պուլովեր

hwdi

սպորտային կուրտկա

blaser

պիջակ

siaced

կուրտկա

côt

վերարկու

côt law

անձրևանոց

gwisg

կանացի կոստյում

gŵn

զգեստ

gwisg briodas

հարսանյաց զգեստ

siwt

տղամարդու կոստյում

gŵn nos

գիշերանոց

pyjamas

պիժամա

sari

Սարի

sgarff pen

գլխաշորն

tyrban

չալմա

bwrca

չադրա

cafftan

արևելյան խալաթ

abaya

հաստ վերարկու

gwisg nofio

կանացի լողազգեստ

trowsus nofio

տղամարդու լողազգեստ

siorts

շորտ

tracwisg

սպորտային համազգեստ

ffedog

գոգնոց

menig

ձեռնոցներ

botwm

կոճակ

sbectol

ակնոց

breichled

ապարանջան

cadwyn

վզնոց

modrwy

մատանի

clustdlws

ականջօղ

cap

գլխարկ

cambren

կախիչ

het

գլխարկ

tei

փողկապ

sip

շղթա

helmed

սաղավարտ

fframiau danedd

տաբատակալ

gwisg ysgol

դպրոցական համազգեստ

gwisg

համազգեստ

bib

մանկական գոգնոց

teth lwgu

ծծակ

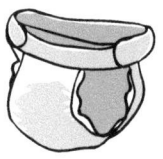

cewyn

մանկական տակդիր

գրասենյակ

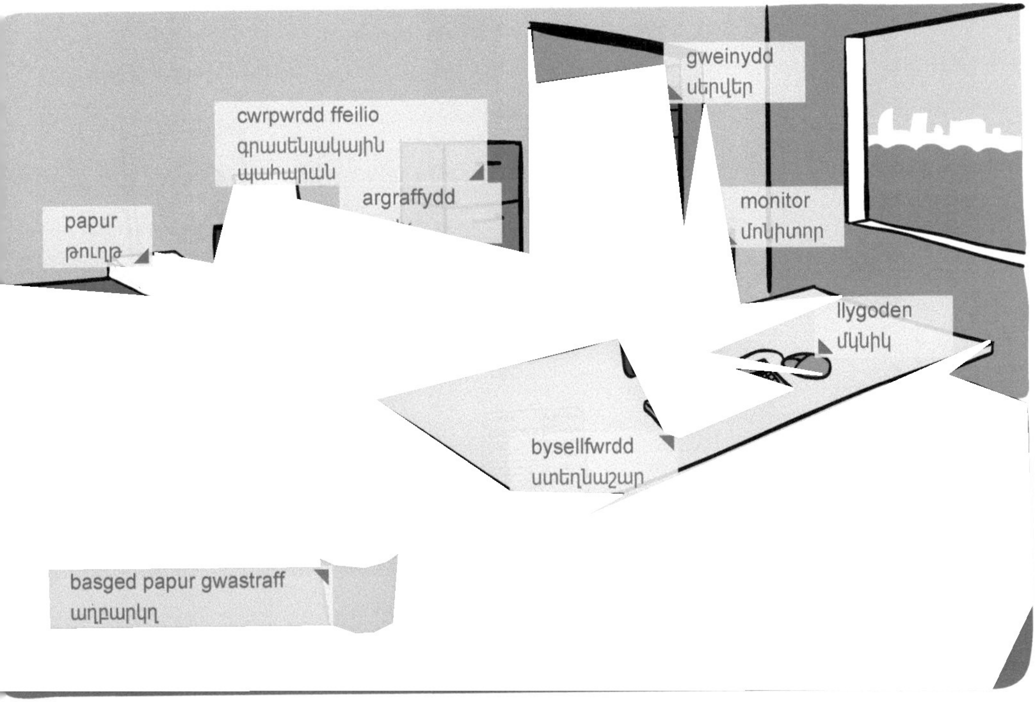

gweinydd
սերվեր

cwrpwrdd ffeilio
գրասենյակային
պահարան

argraffydd

monitor
մոնիտոր

papur
թուղթ

llygoden
մկնիկ

bysellfwrdd
ստեղնաշար

basged papur gwastraff
աղբարկղ

mwg coffi

սուրճի գավաթ

cyfrifiannell

հաշվիչ

rhyngrwyd

ինտերնետ

gliniadur

laptop

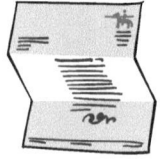

llythyr

նամակ

neges

հաղորդագրություն

ffôn symudol

բջջային հեռախոս

rhwydwaith

ցանց

llungopïwr

պատճենահանման սարք

meddalwedd

ծրագրային ապահովում

teleffon

հեռախոս

soced plwg

վարդակ

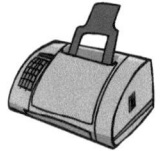

peiriant ffacs

ֆաքսի մեքենա

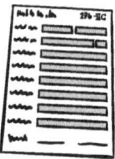

ffurflen

տեսակ

dogfen

փաստաթուղթ

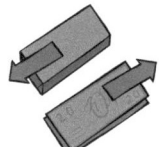

prynu
գնել

talu
վճարել

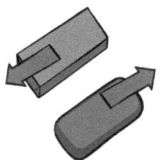

masnachu
առեւտրի

arian
փող

doler
դոլար

ewro
եվրո

yen
իեն

rwbl
ռուբլի

ffranc y Swistir
շվեյցարական ֆրանկ

yuan renminbi
յուան

rwpi
ռուպի

peiriant arian
բանկոմատ

swyddfa gyfnewid

փոխանակման կետ

aur

ոսկի

arian

արծաթ

olew

նավթ

ynni

Էներգիա

pris

գին

contract

պայմանագիր

treth

հարկ

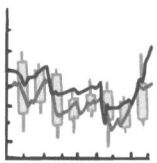

stoc

ակցիաներ

gweithio

աշխատանք

cyflogai

ծառայող

cyflogwr

գործատուն

ffatri

գործարան

siop

խանութ

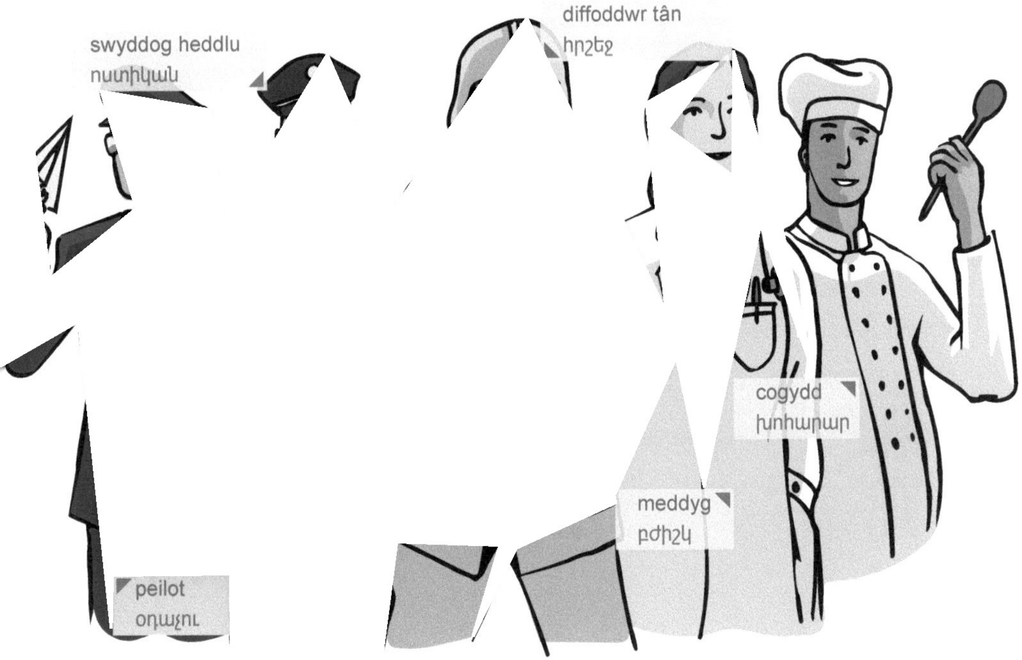

swyddog heddlu
ոստիկան

diffoddwr tân
հրշեջ

cogydd
խոհարար

meddyg
բժիշկ

peilot
oդաչու

garddwr

այգեպան

saer

ատաղձագործ

gwniadwraig

դերձակուհի

barnwr

դատավոր

fferyllydd

քիմիկոս

actor

դերասան

gyrrwr bws

ավտոբուսի վարորդ

gyrrwr tacsi

տաքսու վարորդ

pysgotwr

ձկնորս

glanhawraig

հավաքարար

töwr

տանիքագործ

gweinydd

մատուցող

heliwr

որսորդ

paentiwr

նկարիչ

pobydd

հացթուխ

trydanwr

էլեկտրատեխնիկ

adeiladwr

շինարար

peiriannydd

ինժեներ

cigydd

մսագործ

plymiwr

ջրմուղագործ

dyn y post

փոստարար

milwr

զինվոր

pensaer

ճարտարապետ

ariannwr

գանձապահ

gwerthwr blodau

ծաղկավաճառ

triniwr gwallt

վարսավիր

archwiliwr tocynnau
rheilffordd

տոմսավաճառ

mecanydd

մեխանիկ

capten

կապիտան

deintydd

ատամնաբույժ

gwyddonydd

գիտնական

rabi

ռաբբի

imam

իմամ

mynach

կուսակրոն

clerigwr

հոգևորական

գործիքներ

morthwyl
մուրճ
gefail
տափակաբերան
աքցան
tyrnsgriw
պտուտակահա
ն
sbaner
դարձակ
flashlamp
լապտեր

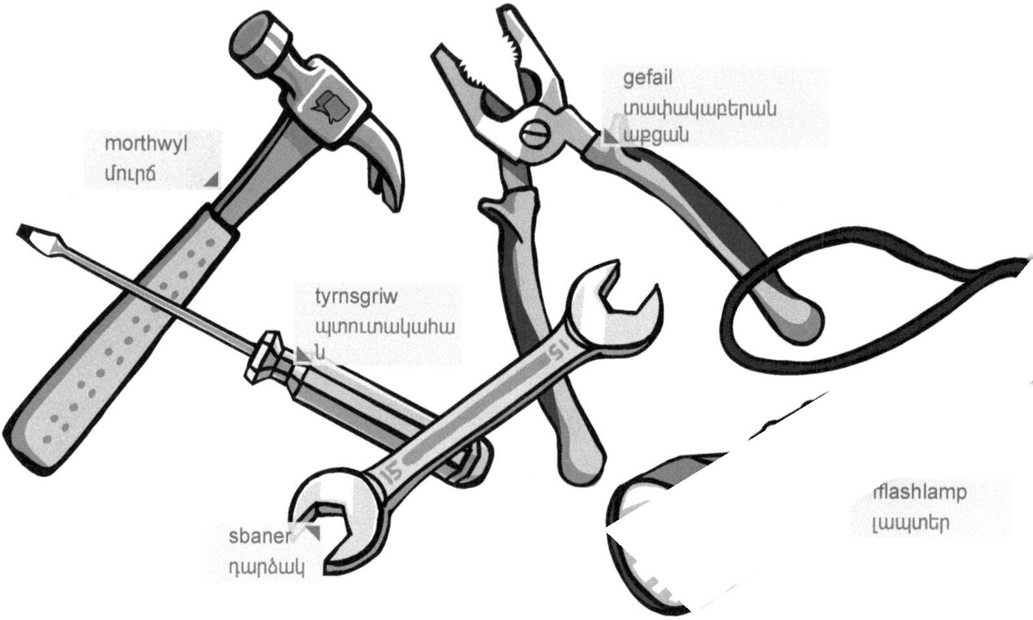

turiwr

էքսկավատոր

blwch offer

գործիքների տուփ

ysgol

սանդուղք

llif

սղոց

hoelion

մեխեր

dril

գայլիկոն

trwsio

նորոգում

rhaw

բահ

Daria!

գրողը տանի

rhaw lwch

գոգաթիակ

pot paent

ներկաման

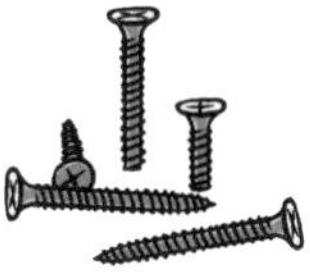

sgriwiau

պտուտակներ

երաժշտական գործիքներ

uchelseinydd
բարձրախոս
set drymiau
հարվածային գործիքների կազմ
gitâr
կիթառ
bas dwbl
կոնտրաբաս
trwmped
շեփոր

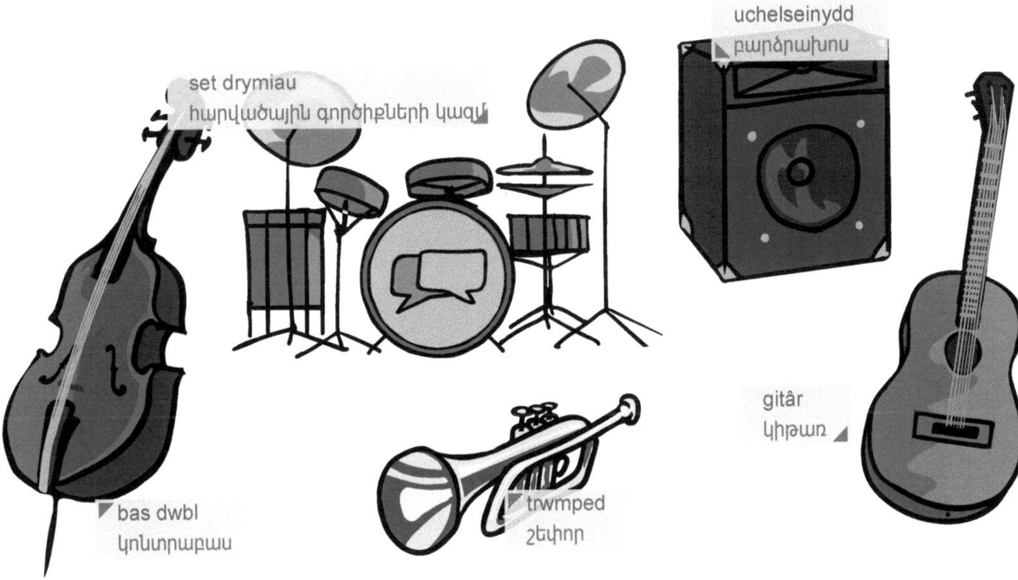

piano

դաշնամուր

ffidil

ջութակ

bas

բաս

timpani

թմբուկներ

drymiau

հարվածային գործիքներ

cyweirfwrdd

ստեղնաշար

sacsoffon

սաքսոֆոն

ffliwt

ֆլեյտա

meicroffon

միկրոֆոն

teigr
վագր

cawell
վանդակ

mynediad
մուտք

sebra
զեբր

bwyd anifeiliaid
կենդանիների կերակուր

panda
պանդա

anifeiliaid

կենդանիներ

eliffant

փիղ

cangarŵ

կենգուրու

rhinoseros

ռնգեղջյուր

gorila

գորիլա

arth

գորշ արջ

camel

ուղտ

estrys

ջայլամ

llew

առյուծ

mwnci

կապիկ

fflamingo

ֆլամինգո

parot

թութակ

arth wen

բևեռային արջ

pengwin

պինգվին

siarc

շնաձուկ

paun

սիրամարգ

neidr

օձ

crocodeil

կոկորդիլոս

gofalwr sŵ

կենդանաբանական այգու
աշխատող

morlo

փոկ

jagwar

յագուար

merlyn

պոնի

llewpard

ընձառյուծ

hipo

գետաձի

jiráff

ընձուղտ

eryr

արծիվ

baedd

վարազ

pysgodyn

ձուկ

crwban

կրիա

walrws

ծովացուլ

llwynog

աղվես

gafrewig

վիթ

pêl-droed America
ամերիկյան ֆուտբոլ

beicio
հեծանվավազք

tennis
թենիս

pêl-fasged
բասկետբոլ

nofio
լող

bocsio
բռնցքամարտ

hoci iâ
հոկեյ

pêl-droed

ֆուտբոլ

badminton

բադմինտոն

athletau

աթլետիկա

pêl-law

ձեռքի գնդակ

sgïo

դահուկային սպորտ

polo

պոլո

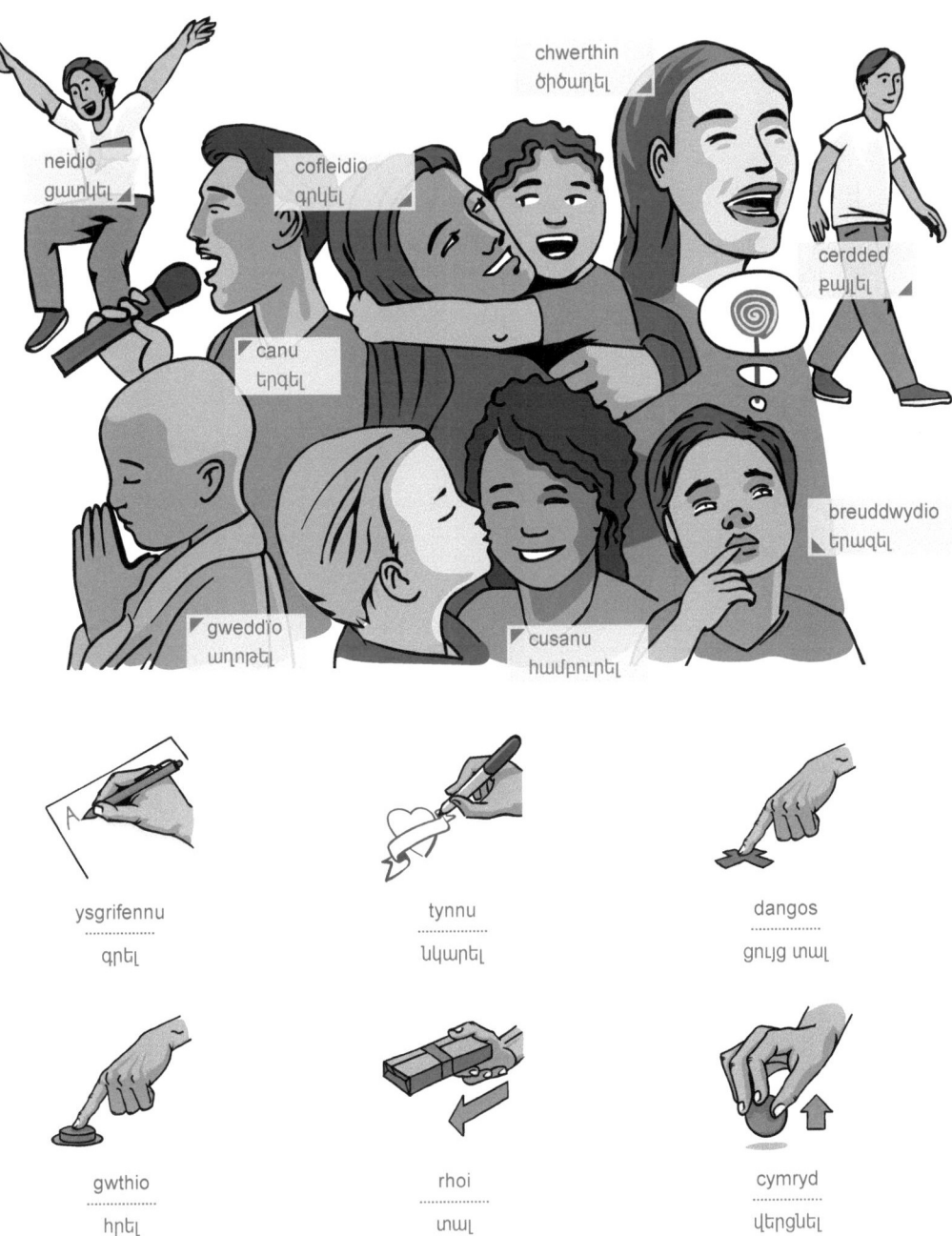

neidio
ցատկել

chwerthin
ծիծաղել

cofleidio
գրկել

cerdded
քայլել

canu
երգել

breuddwydio
երազել

gweddïo
աղոթել

cusanu
համբուրել

ysgrifennu
գրել

tynnu
նկարել

dangos
ցույց տալ

gwthio
հրել

rhoi
տալ

cymryd
վերցնել

bod gan

ունենալ

gwneud

դեպի

bod

լինել

sefyll

կանգնել

rhedeg

վազել

tynnu

քաշել

taflu

նետել

disgyn

ընկնել

gorwedd

ստել

aros

սպասել

cario

կրել

eistedd

նստել

gwisgo amdanoch

հագնվել

cysgu

քնել

deffro

արթնանալ

edrych ar

նայել

crïo

լացել

anwesu

շոյել

cribo

սանրվել

siarad

խոսել

deall

հասկանալ

gofyn

հարցնել

gwrando

լսել

yfed

խմել

bwyta

ուտել

tacluso

հարդարվել

caru

սիրել

coginio

խոհարար

gyrru

քշել

hedfan

թռչել

hwylio

լողալ

cyfrifo

հաշվել

darllen

կարդալ

dysgu

սովորել

gweithio

աշխատանք

priodi

ամուսնանալ

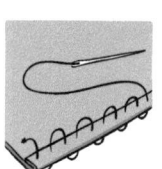

gwnïo

կարել

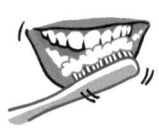

brwsio dannedd

ատամները լվանալ

lladd

սպանել

ysmygu

ծուխ

anfon

ուղարկել

nain
տատիկ

taid
պապիկ

tad
հայր

mam
մայր

baban
երեխա

merch
դուստր

mab
որդի

gwestai

հյուր

modryb

հորաքույր

ewythr

հորեղբայր

brawd

եղբայր

chwaer

քույր

talcen
ճակատ
llygad
աչք
ysgwydd
ուս
bys
մատ
wyneb
դեմք
gên
կզակ
llaw
ձեռք
bron
կուրծք
coes
ոտք
braich
թև

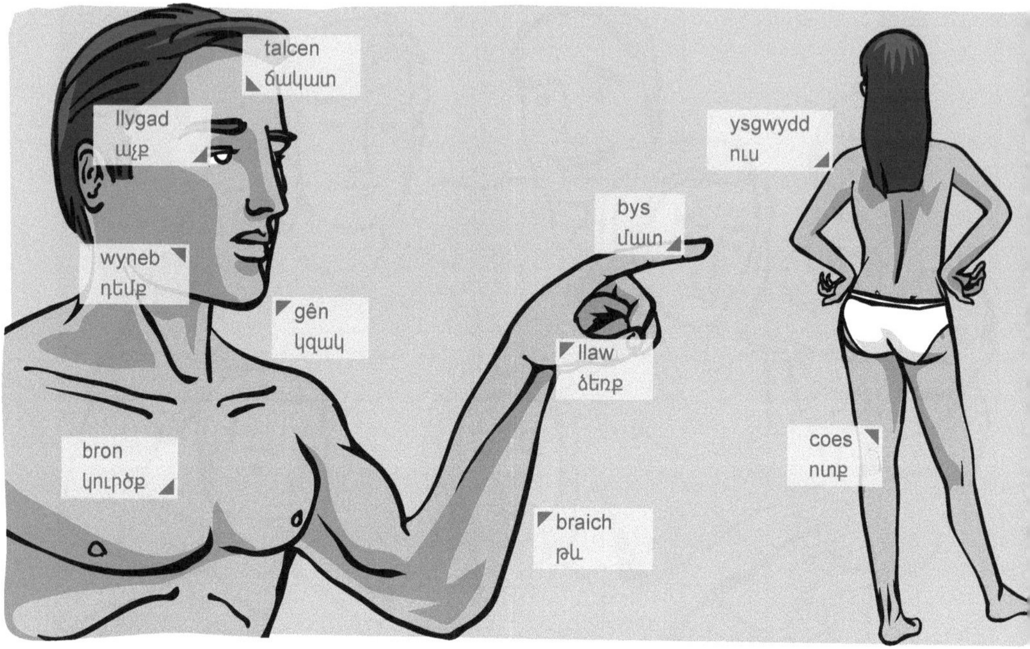

baban
երեխա

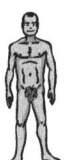

dyn
մարդ

gwraig
կին

geneth
աղջիկ

bachgen
տղա

pen
գլուխ

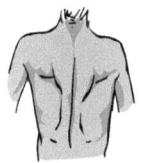

cefn

մեջք

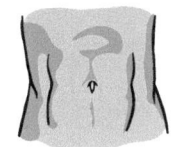

bel

փոր

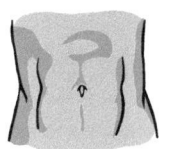

bogail

պորտ

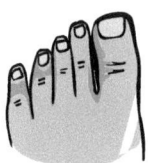

bys troed

ոտնամատ

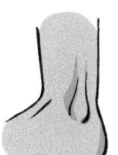

sawdl

կրունկ

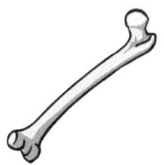

asgwrn

ոսկոր

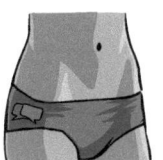

clun

ազդր

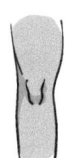

pen-glin

ծունկ

penelin

արմունկ

trwyn

քիթ

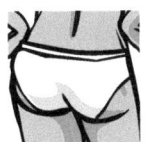

pen ôl

հետույք

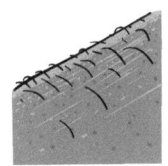

croen

մաշկ

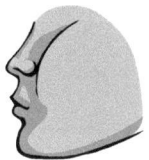

boch

այտ

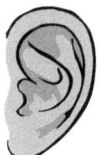

clust

ականջ

gwefus

շրթունք

ceg

բերան

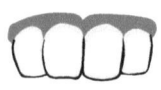

dant

ատամ

tafod

լեզու

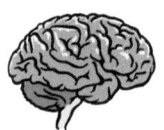

ymennydd

ուղեղ

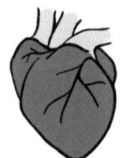

calon

սիրտ

cyhyr

մկան

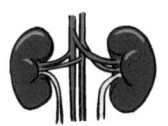

ysgyfaint

թոք

iau

լյարդ

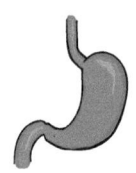

stumog

ստամոքս

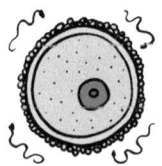

arennau

երիկամներ

rhyw

սեքս

condom

պահպանակներ

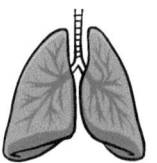

ofwm

ձվաբջիջը

semen

Սեմյոն

beichiogrwydd

հղիություն

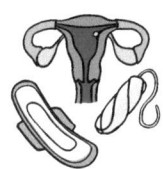

mislif

դաշտան

fagina

հեշտոց

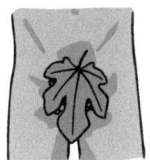

pidyn

առնանդամ

ael

հոնք

gwallt

մազ

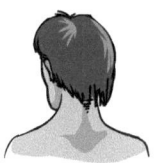

gwddf

պարանոց

հիվանդանոց

ysbyty
torasgwrn
կոտրվածք

meddyg

բժիշկ

ystafell argyfwng

շտապ օգնության սենյակ

nyrs

բուժքույր

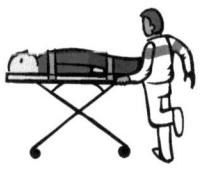

argyfwng

շտապ օգնություն

anymwybodol

անգիտակից

poen

ցավ

anaf

վնասվածք

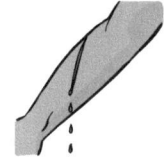

gwaedu

արյունահոսություն

trawiad ar y galon

սրտի կաթված

strôc

կաթված

alergedd

ալերգիա

peswch

հազ

twymyn

տենդ

ffliw

գրիպ

dolur rhydd

փորլուծություն

cur pen

գլխացավ

canser

քաղցկեղ

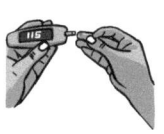

diabetes

դիաբետ

llawfeddyg

վիրաբույժ

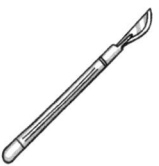

fflaim

վիրադանակ

gweithrediad

վիրահատություն

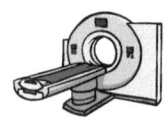

CT

CT

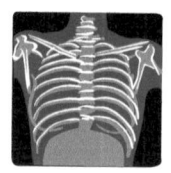

pelydr-x

ռենտգեն

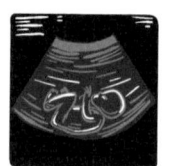

uwchsain

ուլտրաձայնային

mwgwd wyneb

դեմքի դիմակ

clefyd

հիվանդություն

ystafell aros

սպասասրահ

bagl

հենակ

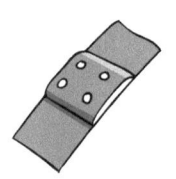

plastr

սպեղանի

rhwymyn

վիրակապ

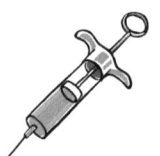

pigiad

ներարկում

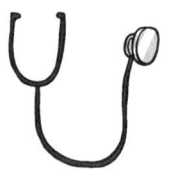

stethosgop

լսափողակ

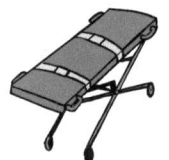

elorwely

պատգարակ

thermomedr clinigol

ջերմաչափ

genedigaeth

ծնունդ

dros bwysau

ավելաքաշ

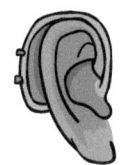

cymorth clyw

լսելով օգնության

diheintydd

ախտահանիչ

haint

վարակ

firws

վիրուս

HIV / AIDS

ՄԻԱՎ / ՁԻԱՀ

meddygaeth

դեղորայք

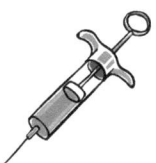

brechiad

պատվաստում

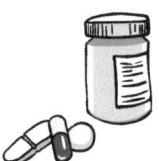

tabledi

հաբեր

y bilsen

հաբ

galwad frys

ահազանգ

monitor pwysau gwaed

արյան ճնշման չափիչ սարք

yn sâl / yn iach

հիվանդ / առողջ

Շտապ օգնություն

Help!

Օգնություն!

larwm

տագնապի ազդանշան

ymosodiad

հարձակում

ymosodiad

հարձակում

perygl

վտանգ

allanfa argyfwng

վթարային ելք

Tân!

Հրդեհ

diffoddwr tân

կրակմարիչ

damwain

վթար

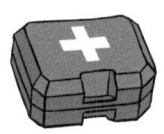

pecyn cymorth cyntaf

առաջին օգնության դեղարկղ

SOS

SOS

heddlu

ոստիկանություն

Ewrop

Եվրոպա

Gogledd America

Յյուսիսային Ամերիկա

De America

Յարավային Ամերիկա

Affrica

Աֆրիկա

Asia

Ասիա

Awstralia

Ավստրալիա

Iwerydd

Ատլանտյան օվկիանոս

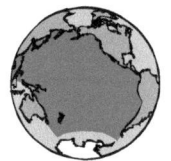

y Môr Tawel

Խաղաղ օվկիանոս

Cefnfor yr India

Յնդկական օվկիանոս

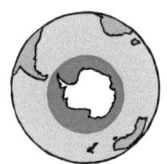

Cefnfor yr Antarctig

Յարավային Սառուցյալ օվկիանոս

Cefnfor yr Arctig

Յյուսիսային Սառուցյալ օվկիանոս

Pegwn y Gogledd

հյուսիսային բևեռ

Pegwn y De

հարավային բևեռ

Antarctica

Անտարկտիդա

y Ddaear

երկիր

tir

ցամաք

môr

ծով

ynys

կղզի

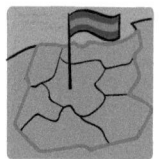

cenedl

ազգ

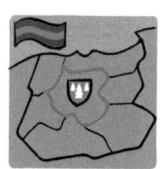

gwladwriaeth

պետական

ժամացույց

wyneb cloc

թվատախտակ

bys awr

ժամի սլաք

bys munud

րոպեի սլաք

bys eiliad

վայրկյանի սլաք

Faint o'r gloch yw hi?

Ժամը քանիսն է?

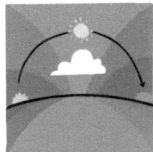

dydd

օր

amser

այսպիսով

yn awr

այժմ

cloc digidol

թվային ժամացույց

munud

րոպե

awr

ժամ

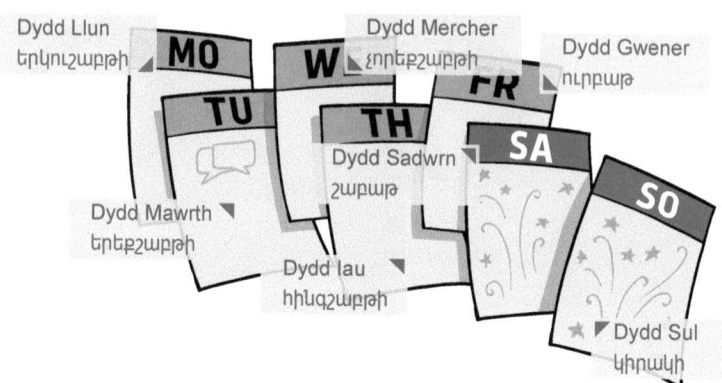

Շաբաթ

Dydd Llun
երկուշաբթի

Dydd Mawrth
երեքշաբթի

Dydd Mercher
չորեքշաբթի

Dydd Iau
հինգշաբթի

Dydd Gwener
ուրբաթ

Dydd Sadwrn
շաբաթ

Dydd Sul
կիրակի

ddoe

այսօր

heddiw

այսօր

yfory

վաղը

bore

առավոտ

canol dydd

կեսօր

noswaith

երեկո

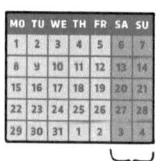

diwrnodiau busnes

աշխատանքային օրեր

penwythnos

շաբաթվա վերջ

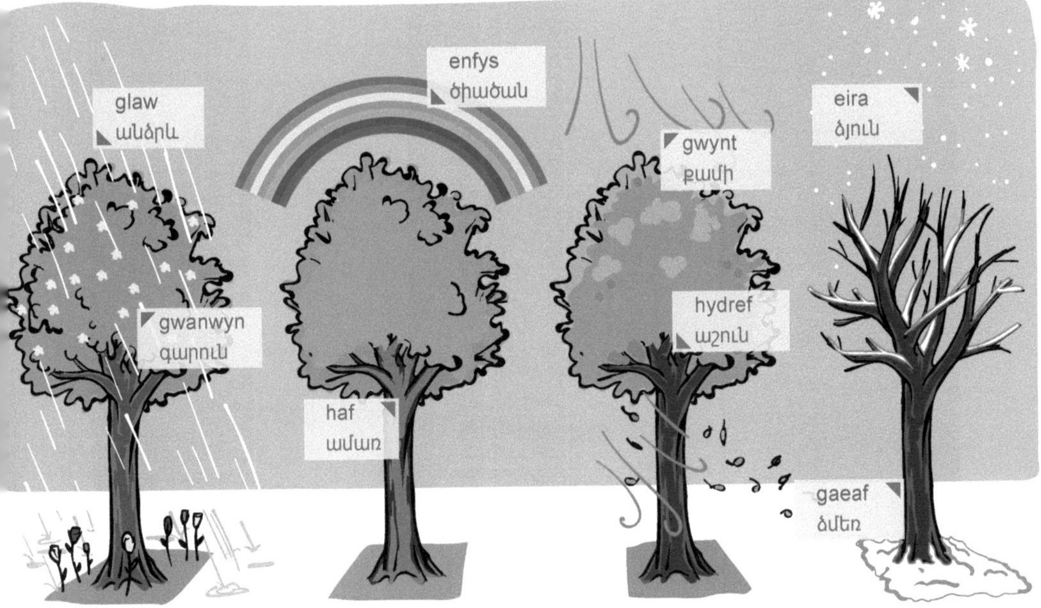

glaw
անձրև

enfys
ծիածան

gwynt
քամի

eira
ձյուն

gwanwyn
գարուն

haf
ամառ

hydref
աշուն

gaeaf
ձմեռ

4.APRIL	11°	
5.APRIL	4°	
6.APRIL	13°	
7.APRIL	8°	
8.APRIL	10°	

rhagolygon y tywydd
....
եղանակի տեսություն

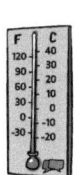

thermomedr
....
ջերմաչափ

heulwen
....
արեւի լույս

cwmwl
....
ամպ

niwl tew
....
մառախուղ

lleithder
....
խոնավություն

mellt

կայծակ

taranau

որոտ

storm

փոթորիկ

cenllysg

կարկուտ

monsŵn

մուսոն

llif

ջրհեղեղ

iâ

սառույց

Ionawr

հունվար

Chwefror

փետրվար

Mawrth

մարտ

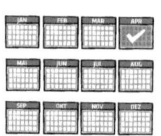

Ebrill

ապրիլ

Mai

մայիս

Mehefin

հունիս

Gorffennaf

հուլիս

Awst

օգոստոս

Medi

....

սեպտեմբեր

Hydref

....

հոկտեմբեր

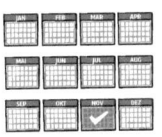

Tachwedd

....

նոյեմբեր

Rhagfyr

....

դեկտեմբեր

ձևավորում

cylch

....

շրջան

sgwâr

....

քառակուսի

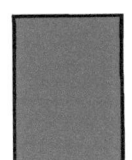

petryal

....

ուղղանկյունի

triongl

....

եռանկյունի

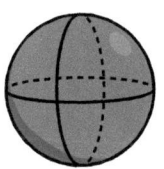

sffêr

....

ապարեզ

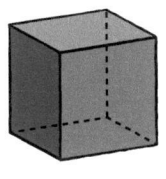

ciwb

....

խորանարդ

գույներ

gwyn
....
վարդագույն

melyn
....
մոխրագույն

oren
....
դեղին

pinc
....
մանուշակագույն

coch
....
կարմիր

porffor
....
շագանակագույն

glas
....
կապույտ

gwyrdd
....
սև

brown
....
նարնջագույն

llwyd
....
սպիտակ

du
....
կանաչ

llawer / ychydig

շատ / քիչ

dig / tawel

բարկացած / հանգիստ

hardd / hyll

գեղեցիկ / տգեղ

dechrau / diwedd

սկսած / վերջը

mawr / bach

մեծ / փոքր

llachar / tywyll

պայծառ / մութ

brawd / chwaer

եղբայրը / քույրը

glân / budr

մաքուր / կեղտոտ

gyflawn / anghyflawn

ամբողջական / թերի

dydd / nos

օր / գիշեր

farw / yn fyw

մեռած / կենդանի

eang / cul

լայն / նեղ

bwytadwy / anfwytadwy

ուտելի / անուտելի

drwg / caredig

չար / բարի

llawn cyffro / diflasu

հուզված / ձանձրացրել

tew / tenau

հաստ / բարակ

cyntaf / olaf

առաջին / վերջին

cyfaill / gelyn

ընկերը / թշնամին

llawn / gwag

լիքը / դատարկ

caled / meddal

կոշտ / փափուկ

trwm / ysgafn

ծանր / թեթև

wedi newynnu / yn sychedig

քաղց / ծարավ

yn sâl / yn iach

հիվանդ / առողջ

anghyfreithlon / cyfreithiol

անօրինական է / իրավաբանական

deallus / twp

խելացի / հիմարություն

chwith / dde

ձախ / աջ

agos / pell

մոտիկ / հեռու

newydd / wedi'i ddefnyddio

Նոր / օգտագործվում

dim / rhywbeth

ոչինչ / ինչ - որ բան

hen / ifanc

ծեր / երիտասարդ

ymlaen / i ffwrdd

միացում անջատում

ar agor / ar gau

բաց / փակ

tawel / uchel

ցածր / բարձր

cyfoethog / tlawd

հարուստ / աղքատ

cywir / anghywir

ճիշտ / սխալ

garw / llyfn

անհարթ / հարթ

trist / hapus

տխուր / ուրախ

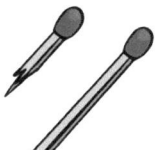

byr / hir

կարճ / երկար

araf / cyflym

դանդաղ / արագ

gwlyb / sych

թաց / չոր

cynnes / claear

տաք / թույն

rhyfel / heddwch

պատերազմ / խաղաղությունը

0	1	2
sero	un	dau
զրո	մեկ	երկու
3	4	5
tri	pedwar	pump
երեք	չորս	հինգ
6	7	8
chwech	saith	wyth
վեց	յոթ	ութ
9	10	11
naw	deg	un deg un
ինը	տաս	տասնմեկ

12

un deg dau

տասներկու

13

un deg tri

տասներեք

14

un deg pedwar

տասնչորս

15

un deg pump

տասնհինգ

16

un deg chwech

տասնվեց

17

un deg saith

տասնյոթ

18

un deg wyth

տասնութ

19

un deg naw

տասնինը

20

dau ddeg

քսան

100

cant

հարյուր

1.000

mil

հազար

1.000.000

miliwn

միլիոն

Saesneg

անգլերեն

Saesneg America

ամերիկյան անգլերեն

Tsieinëeg Mandarin

չինարեն մանդարին

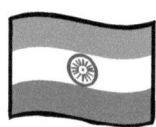

Hindi

հինդի

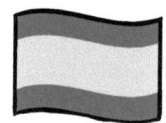

Sbaeneg

իսպաներեն

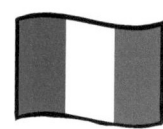

Ffrangeg

ֆրանսերեն

Arabeg

արաբերեն

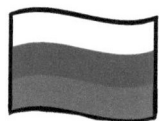

Rwseg

ռուսերեն

Portiwgaleg

պորտուգալերեն

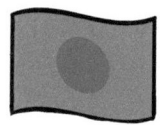

Bengali

բենգալերեն

Almaeneg

գերմաներեն

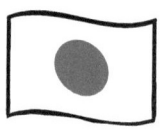

Siapanaeg

ճապոներեն

Ով է /, թե ինչ է /, ինչպես

fi

եu

ti

դուք

ef / hi

Նա / նա /, որ դա

ni

մենք

chi

դուք

nhw

նրանք

pwy?

Ով է?

beth?

ինչ?

sut?

ինչպես?

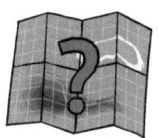

ble?

որտեղ.

pryd?

երբ?

enw

անուն

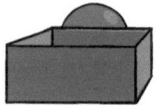

y tu ôl i

ետևում

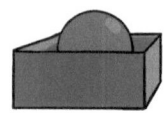

yn / yng / ym / mewn

մեջ

o flaen

դիմաց

dros

վրա

ar

վրա

dan

տակ

wrth ochr

կողքին

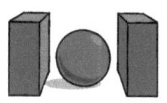

rhwng

միջեւ

lle

տեղ